AF253632

ORAISON

Funèbre

DE

MONSEIGNEUR ILLUSTRISSIME ET RÉVÉRENDISSIME

Jean-Baptiste du Chilleau

ARCHEVÊQUE DE TOURS, PAIR DE FRANCE, ANCIEN AUMÔNIER
DE LA REINE MARIE-ANTOINETTE,

PRONONCÉE LE 3 DÉCEMBRE 1824, DANS L'ÉGLISE MÉTROPOLITAINE DE
TOURS ;

PAR M. L'ABBÉ JOLIF DU COULOMBIER,

Vicaire-Général du Diocèse, et Chanoine de la même
Église.

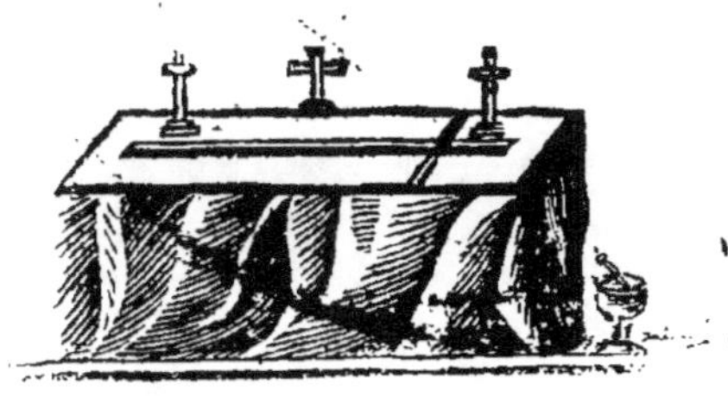

A TOURS,

CHEZ MAME, IMPRIMEUR DU ROI.

A. M. D. G.

Dedit ipsi Dominus fortitudinem, et usquè in senectutem permansit illi virtus.

Le Seigneur lui donna la fermeté en partage, et dans
le tems de la vieillesse sa vertu ne s'est pas démentie. *Ecclésiastique*, 46. 11.

MONSEIGNEUR, MESSIEURS,

DANS ce peu de paroles, tirées des Livres saints,
nous trouvons renfermé l'éloge le plus complet
que l'on puisse faire du caractère d'un homme,
surtout lorsque cet homme s'est vu dans des cir-
constances difficiles et périlleuses, qu'il a vécu
dans des tems de défection et d'erreur. Et nous
pouvons ajouter, sans crainte d'être désapprou-
vés par aucun de ceux qui sont présens à cette

lugubre cérémonie, que nul ne mérita mieux cet éloge que l'illustre Prélat que nous pleurons. Une ame forte, noble et élevée, en harmonie avec le caractère sacré dont il était revêtu ; un esprit juste, droit, cherchant le vrai, et incapable de transiger avec l'erreur ; un cœur franc, dévoué, inébranlable, également supérieur aux misérables intrigues de l'ambition et aux coups accablans de l'adversité ; un si beau caractère était un don du ciel : *Dedit ipsi Dominus fortitudinem.* Une vie longue et sans tache dans des jours de séduction et de vertige ; une mâle vieillesse qui conservait encore toute l'énergie de ses jeunes années ; l'image de la vertu empreinte sur ce front couvert de cheveux blancs : à ces traits qui pourrait ne pas reconnaître le vénérable Pontife que nous avons perdu ? *Et usquè in senectutem permansit illi virtus.*

Un trouble inexprimable s'est emparé de nous... Le saisissement de la douleur a pénétré dans notre ame.... Quoi! nous étions destinés à rendre à sa mémoire cet hommage funèbre!.... Lorsqu'il nous témoignait ces sentimens paternels.... Grand Dieu! ce souvenir ne s'effacera jamais de notre cœur.... Lorsqu'il nous donnait avec tant d'indulgence et de bonté une dernière marque de sa confiance, que nous étions éloignés de penser que bientôt nous aurions à déplorer sa perte !.... Que nous ne monterions plus dans cette chaire, où si souvent il nous encouragea par sa présence, que pour remplir le douloureux ministère qui nous est imposé aujourd'hui! .... O mon père !.... Quel autre nom nous serait-il permis désormais de vous donner ?.... Pardon, si nous entreprenons de parler de vos vertus, sans autre préparation que notre amour et nos regrets.... Ah! c'eût été pour notre cœur une tâche trop difficile de chercher l'art et l'étude là où les sentimens se pressent en foule pour nous inspirer.... Quelque imposante que soit l'assemblée qui nous écoute, elle ne veut pas entendre de notre bouche un choix de pensées et d'expressions ; nous ne lui ferons pas l'injure de supposer qu'elle vienne ici admirer les beautés de l'éloquence, lorsqu'elle ne doit éprouver d'autre besoin que celui de soulager sa juste douleur....

En vous montrant notre vénérable Pontife opposant la fermeté de son courage aux injustes attaques de l'impiété et aux traits acérés du malheur ; en vous rappelant cette aimable vertu qui, dans sa vieillesse, ajoutait encore au respect dû à ses cheveux blancs et à sa haute dignité, nous remplirons votre attente, Messieurs, et nous épancherons notre douleur : *De-*

*dit ipsi Dominus fortitudinem, et usquè in se-
nectutem permansit illi virtus.*

Tel est l'hommage funèbre que nous consa-
crons à la mémoire de notre pasteur, de notre
père, MONSEIGNEUR ILLUSTRISSIME ET RÉVÉ-
RENDISSIME JEAN-BAPTISTE DU CHILLEAU,
ARCHEVÊQUE DE TOURS, PAIR DE FRANCE.

I.

Il est des hommes que la Providence des-
tine à être placés à la tête des autres hommes,
et qu'elle désigne presque dès le berceau pour
instruire leurs semblables, et les diriger dans
les voies qu'elle leur ordonne de suivre. Ceux
auxquels elle confie cette tâche imposante, elle
leur imprime un caractère particulier, et les
distingue par une supériorité de moyens et de
talens naturels qui leur donne toujours le premier rang partout où il lui plaît de les placer.

Tel se montra, dès ses premières années, le
Prélat vénérable que nous avons perdu ; tel on
le vit donner de lui les plus grandes idées, et
faire concevoir dans le cours de ses études les
hautes espérances qu'il sut si bien justifier dans
la suite. Déjà je l'aperçois, par cette ardeur
qui fut toujours dans son caractère, par sa cons-
tante application, son amour pour le travail,
ses succès et ses talens, planer au-dessus de ses

condisciples, réunir bientôt leurs suffrages pour communiquer aux autres les leçons qu'il venait de recevoir, et, inaccessible aux traits de l'envie que fait naître si souvent la préférence qu'on obtient sur ses égaux, mériter d'être désigné par leur propre choix pour répéter successivement les conférences de philosophie et de théologie dans un des établissemens de la capitale qui jouissait de la plus juste réputation. En lui destinant un rang distingué dans l'épiscopat, Dieu lui avait inspiré ce goût de l'étude, l'avait doué de cette pénétration et de cette facilité à résoudre les questions les plus abstraites des sciences dont il se nourrissait, qui devaient un jour l'aider à en remplir dignement les saints devoirs ; et, pour faire de cet esprit si bien préparé un flambeau capable d'éclairer son Eglise, de bonne heure, il fit briller en lui les lumières qu'il devait répandre sur les peuples qu'il serait appelé à conduire.

Mais il le doua surtout de cette courageuse fermeté qui nous paraît avoir été un des caractères distinctifs de sa vertu, et dont il devait donner des preuves si généreuses dans les tems de tribulation qui s'approchaient déjà. Car Dieu avait proportionné sa force aux douloureuses épreuves auxquelles il était réservé, et avait imprimé dans son ame une noble énergie qui soutint sans être ébranlée le choc des événemens les plus désastreux, dans des jours où déjà se faisaient entendre les premiers éclats de la foudre qui, depuis un demi-siècle, grondait sourdement sur l'Église et sur l'État, où l'autel et le trône chancelaient mal appuyés, où toutes les passions, déchaînées par des doctrines impies, multipliaient leurs efforts, et s'essayaient à désoler la France.

Nous ne suivrons point ses premiers pas dans le monde et à la cour ; nous ne vous dirons point que, sur ce théâtre brillant, où s'agitent si souvent l'intrigue, l'ambition et l'égoïsme, il fit admirer son beau caractère, et chérir les aimables qualités qu'on distinguait en lui. Le grand nombre d'amis qu'il conservait encore, après tant d'années d'absence et de malheurs, la haute confiance d'une reine infortunée qu'il pleura jusqu'à son dernier soupir, l'estime et l'amour de tous nos princes qui l'avaient vu en naissant auprès de leurs berceaux, la tendre affection du monarque chéri, auquel, avant de mourir, il eût été heureux d'offrir un siècle de dévoûment et de fidélité, n'en ont-ils pas assez dit pour nous faire comprendre quel il fut dans les jours tranquilles, quel il traversa les tems orageux où tant d'hommes succombèrent coupables ou égarés.

Mais nous devons vous le montrer saisissant

d'une main ferme la houlette pastorale ; et, au milieu de l'empressement de son zèle, laisser apercevoir à son Eglise de Châlons, dont il ne parla jamais sans attendrissement, qu'il saurait opposer un front calme et une ame inébranlable aux attaques furieuses qui bientôt allaient être dirigées contre lui.

Prémunir son clergé et son peuple contre la séduction de l'erreur, défenseur constant de la discipline ecclésiastique, soutenir les droits de l'Eglise contre les envahissemens de l'impiété, répandre abondamment l'instruction dans son Diocèse, et travailler sans relâche à le rendre capable de résister au débordement des principes philosophiques et à l'effort de la tempête près de fondre avec fracas sur la foi ébranlée : telle fut la tâche hérissée de peines et de périls qu'il entreprit avec courage, et poursuivit avec constance. Généreux Pontife, le Dieu qui l'a choisi l'a placé dans son Eglise comme un rempart inexpugnable, et comme un mur d'airain au pied duquel viennent expirer les efforts de ses ennemis. Suivez, Clergé fidèle de son Eglise, suivez avec confiance le bon pasteur que le ciel vous envoie ; toujours il vous conduira dans la voie de la Religion et de l'honneur, incapable de forfaire à sa foi et à ses sermens. Partout où il portera ses pas, et vous aussi soyez avec lui, assurés que vous êtes que là est le chemin de la vérité et de la vertu.

Ne craignez pas en effet que, pasteur timide, il prenne honteusement la fuite à la vue des loups féroces prêts à se jeter sur son troupeau ; ne craignez pas qu'il vous abandonne livrés à la fureur qui vous menace, et qui n'attend plus qu'un signal pour vous immoler sans pitié. Déjà je la vois s'exercer sur la plus grande partie des prêtres fidèles : un écrit plein d'énergie a circulé dans lequel les ennemis de la foi auraient dû facilement reconnaître la plume vigoureuse de ce Pontife, qui tremble d'avoir bientôt à déplorer la défection de ses ouailles. Pour atteindre plus sûrement celui qu'ils poursuivent comme coupable, ils sévissent au hasard et multiplient leurs victimes.... Aveugles que vous êtes, celui que vous cherchez, de lui-même va s'offrir à vos coups ; bon pasteur, il ne refusera pas de s'immoler pour son troupeau.... Clergé persécuté, il ne vous verra pas d'un œil insensible souffrir les maux que son courage vient d'attirer sur vous. Tant qu'il put rester inconnu sans danger pour son clergé fidèle, il ne révéla pas un nom que sa sollicitude laissait assez percer. Mais dès qu'il vous voit sous les verroux des tyrans, il ne peut soutenir la pensée d'être l'auteur de vos souffrances : « C'est moi, s'écrie-t-il, avec son divin

» maître au tems de sa passion : *ego sum* ; si vous
» cherchez une victime, me voici, mon cœur est
» prêt, mais rendez la liberté à ce clergé géné-
» reux ; il n'a rien fait encore pour mériter
» l'honneur d'être coupable à vos yeux. *Ego sum :*
» *si ergò me quœritis, sinite hos abire.* »

Rien ne peut calmer les passions de la multitude, quand une fois elle a été lancée dans la
carrière des désordes, elle a saisi d'une main
féroce le glaive sanglant que chaque jour elle
laisse tomber sur l'innocence opprimée, et le
sang le plus pur est versé par torrens sur toute
l'étendue de cette France autrefois si chrétienne
et si fidèle. Quel esprit de vertige a bouleversé
toutes les têtes ? et quelle contagion funeste a
gagné tous les cœurs ? Grande leçon pour les
Rois qui, trop prodigues de leur autorité, laissent
flotter d'une main faible et timide les rênes de
leur gouvernement, et multiplient les concessions
alors que la clémence même exige qu'ils soient
sévères, et que l'amour qu'ils ont pour leurs
sujets leur impose la fermeté pour premier devoir.

Toute la France était déjà couverte de ces as-
semblées indépendantes et tumultueuses où se
préparaient nos malheurs. Le clergé fidèle s'y
rendait par conscience, dans la pensée de conjurer
l'orage sur le point de porter la désolation dans
le champ de l'église. A la vue des troubles qui

se préparent, dans sa ville épiscopale, l'Evêque de Châlons ne se laissera pas intimider. Déjà des embûches sont dressées contre lui ; déjà tout est prêt pour l'immoler à la rage du parti qui domine. Il ne s'agit de rien moins que d'assaillir sa voiture au moment de son passage sur le pont qui le sépare du lieu de l'assemblée, de faire tomber ses gens sous une grêle de pierres, et de précipiter dans les eaux de la Saône celui qui est assez osé pour prétendre défendre la cause de la Religion et de la monarchie..

Cependant des bruits sinistres se répandent, et parvenant jusqu'aux oreilles des prêtres qui l'entourent de plus près, leur révèlent tout le danger que doit courir une tête si chère. Mais vainement ils le supplient de tromper l'attente de ses ennemis, d'épargner à son clergé le malheur qui le menace, s'il persiste à vouloir braver la fureur aveugle d'une multitude égarée. Ce Pontife ne connaît pas la faiblesse, et la crainte de Dieu est la seule qui soit jamais entrée dans son cœur : « Eh bien ! j'irai à pied, dit-il, je tra-

» verserai la foule, sans autre défense que ma
» confiance dans le Seigneur, sans autre escorte
» que le cortège de ceux de mes prêtres fidèles
» qui, comme moi, voudront montrer à ceux
» qui en veulent à mes jours, que le dépôt de la
» foi est un bien plus précieux que la vie. »

Il le fit, Messieurs, et les furieux demeurèrent stupéfaits et immobiles ; les lâches, ils n'étaient pas accoutumés à ces traits de courage. Sans doute, c'était la première fois qu'ils avaient affaire à un Évêque.

Vous avez tremblé pour ses jours, Messieurs, en le voyant entouré d'une foule d'hommes effrénés et cruels, ministres gagés par l'impiété pour écraser tout ce qui reste fidèle. Et lui ne craint pas d'affronter encore les mêmes périls, et d'exposer sa tête à la fureur d'une multitude mieux préparée cette fois à ne pas manquer l'exécution de son barbare projet. Le cœur saigne de douleur, un profond sentiment d'indignation vient nous saisir, quand nous apprenons qu'une main toute remplie des aumônes du Saint Pontife était lancée pour atteindre son bienfaiteur, et qu'il ne dut la vie qu'à la générosité d'un seul homme, assez heureux pour avoir épargné à un misérable la consommation d'un grand crime. O Thaumaturge des Gaules ! ô Martin ! glorieux Pontife, qui fûtes à la fois le prédécesseur et le modèle de celui que nous pleurons, et vous aussi vous avez bravé la mort, et à la vue de votre courage, un peuple de barbares tomba vaincu à vos pieds. Et vous, peuple chrétien, et vous, que la foi mettait au rang de ses enfans les plus fidèles, vous êtes insensibles ; les prodiges dont vous êtes témoins sont sans vertu pour vous dessiller les yeux. Oh ! qu'ils étaient de grands coupables ceux qui, les premiers, tentèrent d'empoisonner la pureté de vos croyances ! Qu'ils étaient des monstres cruels ceux qui vous jetèrent sans frein dans l'affreuse carrière de l'impiété et de l'anarchie ! Pour vous, tout en frémissant de vos forfaits, il faut vous plaindre, bien plus que vous condamner ; aveugles, vous êtes égarés encore plus que coupables, et la Religion vous pardonne sans peine, car vous ignorez ce que vous faites.

Nous n'aurions jamais fini, Messieurs, si nous entreprenions de rapporter ici tous les traits de courage qui signalèrent notre vertueux Pontife, dans le cours de ces longues calamités publiques, qui lui fournirent tant d'occasions de se montrer. Si nous essayions de vous le présenter ne cédant qu'un instant à l'orage, lorsqu'enfin il jugea la résistance inutile, quittant d'abord son diocèse et sa patrie, pour attendre chez l'étranger des jours plus favorables, reparaissant ensuite emporté par le désir de pourvoir aux besoins de son peuple, entreprenant de nouveaux travaux ou bravant de nouvelles fureurs. Jamais elle ne s'est démentie la fermeté de ce généreux Pontife ; elle faisait trembler pour lui, lui seul était supérieur à la crainte, et sa bouillante ardeur

fit dire à l'un de ses collègues dans l'épiscopat : « J'admire votre courage, et n'ai pas celui
» de vous imiter. »

Mais tout espoir est perdu ; vainement, pilote
intrépide, aux flots tumultueux d'une mer agi-
tée, il oppose le sang-froid de son courage et le
calme de sa vertu : il faut céder à la tempête, en
sauvant, s'il se peut, quelques-uns des débris
du naufrage. La Religion proscrite, vous ordonne, généreux Pontife, de fuir des lieux où
l'impiété a déjà érigé son trône sanglant sur les
ruines augustes du culte divin qu'elle prétend
remplacer. Allez sur la terre de l'exil ; là vous
attendent de nouveaux travaux ; là un clergé
qui vous est cher aura besoin plus que jamais de
votre zèle et de vos bienfaits. Allez, ô Pontife
chéri ! cessez de lutter inutilement contre l'orage ;
dérobez une tête si chère aux coups qui sont près
de frapper ; d'autres soins vous sont réservés ; un
jour une autre Eglise réclamera vos lumières et
votre expérience. Là finiront enfin vos travaux
et vos infortunes ; là sera votre repos ; à elle
appartiendra l'honneur d'offrir un tombeau à
vos restes augustes, qui dormiront en paix dans
son enceinte, entourés de nos regrets et arrosés
de nos pleurs.

Certes, Messieurs, le Ciel avait départi à l'illustre Prélat que nous pleurons une fermeté

et un courage que peu d'hommes ont montré dans des tems aussi difficiles : *Dedit ipsi Dominus fortitudinem.* Son courage et sa vertu , il les a conservés , nous en fûmes témoins, dans la vieillesse, et jusqu'à son dernier soupir. *Et usque in senectutem permansit illi virtus.* Accordez à notre douleur un instant de repos.

II.

Celui qui , après avoir long-tems combattu pour la foi, forcé de quitter les lieux où il avait exercé son zèle , à peine arrivé sur la terre de l'exil, se vit aussitôt suivi et entouré de la moitié de son clergé , celui-là , Messieurs, était un bon pasteur dont ses brebis ne pouvaient vivre séparées. Tel fut le spectacle touchant que l'Évêque de Châlons , au sortir des lieux où son cœur demeurait encore, où tous ses désirs le reportaient sans cesse, offrit aux yeux étonnés de l'étranger et des autres Évêques comme lui exilés pour la plus noble des causes. Bon père ! ah ! vous n'en douterez pas, si du creux de la tombe où reposent vos restes inanimés, ou si du haut du ciel où vous êtes assis, vous contemplez nos larmes et vous entendez nos gémissemens; et nous aussi, si, encore une fois, le glaive de la persécution eût menacé votre tête vénérable, dans les contrées les plus reculées, sur la terre la plus ingrate, heureux de vous avoir pour guide, et nous aussi nous vous aurions suivi. Le clergé de Touraine ne le céda en rien à votre premier clergé en amour et en vénération pour l'auguste Pontife qui trop tôt a été enlevé à ses besoins, et dont il eût voulu pouvoir prolonger l'existence aux dépens de la sienne. Heureux clergé de Châlons, vous n'a-viez rien à craindre à la suite d'un tel Pontife ; vos regrets et vos souffrances, il les partageait avec vous ; vous quittiez la patrie, mais ce n'est point un exil que celui où l'on retrouve un Père ; prêtres généreux, unis dans les liens d'un même amour, vous vous serriez autour de lui, pleins de confiance, et votre fuite chez l'étranger, on eût dit que c'eût été un rendez-vous de famille.

Dites-nous donc combien il fut bon pour vous ; de quelle amitié il récompensait vos sacrifices ! Malheureux lui-même il ne pensait qu'à vos mal-heurs, et l'affection qu'il vous portait ajoutait encore à son zèle déjà si actif et à sa charité toujours si ingénieuse. Ainsi, vous l'avez vu chercher auprès de l'étranger touché de sa pa-ternelle sollicitude les secours que réclamait votre honorable indigence, et, transformé en deman-deur assidu, sans cesse occupé de vous, parvenir, à force de démarches et de persévérance, à vous procurer, car telle était la déplorable extrémité à laquelle vous étiez réduits, le pain de l'aumône

pour nourriture, et pour refuge le toit de l'hos-
pitalité. Oh! que la Providence vous a fait un
grand présent en vous donnant un aussi digne
Pontife! Avec lui, même dans les bras du malheur, votre sort est digne d'envie.... Que disons-
nous, Messieurs? Non, non, sa charité ne connaît plus les limites qui resserraient autrefois l'exer-
cice de son zèle, et le séparaient de ceux qui n'é-
taient pas assez heureux pour faire partie de son
troupeau. Malheureux de toutes les provinces
de la France, son cœur vous est ouvert. Prêtres
français, quel que soit le diocèse de votre origine,
vous avez trouvé un guide et un appui ; et votre
reconnaissance, en l'entourant comme un père,
a fait de la terre de l'exil un vaste diocèse dont il
est le pasteur.

Si nous pouvions le suivre dans tous les lieux où
la persécution le força de se réfugier, il nous
serait facile de vous inspirer la profonde vénération due à ses vertus, la juste admiration que
par-tout il mérita par son courage. Soit que,
défenseur intrépide, tel qu'autrefois s'avançait
un Pontife romain pour désarmer de farouches
vainqueurs, et lui aussi s'avance pour proté-
ger et sauver des horreurs du pillage une cé-
lèbre abbaye qui lui avait ouvert un asile, et
que, par sa seule persuasion, il soumette de féroces soldats, irrités contre le Dieu qu'il sert, et

la cause qu'il soutient. Soit que , médiateur ha-
bile , choisi par ses collègues pour traiter auprès d'un auguste Souverain des intérêts de ses
concitoyens, il vienne à bout de faire entrer en
Suisse d'abondantes provisions de grains pour ali-
menter les prêtres malheureux que la France a
proscrits , et que l'étranger ne consent à gar-
der dans ses murs qu'à cette expresse condi-
tion ; toujours vous le verriez égal à lui-même ,
et supérieur aux évènemens qui le pressent.
Vous apprendriez à le connaître cet Évêque si
constant et si ferme , si aimable et si bon, et
un douloureux concert de pleurs et de sanglots
répéterait après nous que ce Pontife était doué
dans un degré éminent de toutes les vertus grandes et magnanimes, comme aussi il était orné
de toutes les qualités faites pour gagner les cœurs
et former les liens de la solide amitié.

Pour lui, respecté des Princes et des grands,
chéri des Évêques, des Prélats et de tous ceux
qui l'approchaient, mais éloigné de sa patrie, il
ne pouvait goûter le bonheur. Vieilli sur une
terre étrangère, séparé des lieux où il avait
été appelé à exercer son zèle, il se fatiguait de
son repos, et dans son cœur un vide immense
se faisait sentir, pour lui bien plus pénible à
souffrir que les périls, les persécutions et les
malheurs. Et pour un ouvrier laborieux, pour

un évêque dévoré du zèle de la maison de Dieu, est-il supplice comparable à celui du repos et de l'oisiveté ? Jour de restauration et de paix, c'est vous qu'il appèle à grands cris, vous qu'il demande au ciel avec cette ardeur de désir et de prière capable de fléchir un Dieu encore irrité. Jour fortuné ! enfin vous venez de luire sur la France si long-tems malheureuse ! Rentrer dans sa patrie, ce n'est plus seulement un espoir. Il vous reverra donc, famille auguste de nos Rois, pour laquelle il formait des vœux si ardens et si purs ! Parens, amis, il va vous serrer dans ses bras ! Ah ! vous le savez, blanchi dans les travaux, épuisé par les fatigues d'une longue persécution, affaibli par son grand âge, c'est maintenant qu'il réclame vos soins ; vous serez tout pour lui ; à vous il appartiendra de consoler ses vieux ans de ses longues infortunes ; à vous nous devrons la prolongation d'une existence si précieuse pour l'Église, et si désirable pour le troupeau qu'il est désormais appelé à conduire. Heureux de trouver après tant de malheurs une famille selon son cœur, et des vertus dignes de lui !

Mais l'avez-vous entendu, Messieurs, un Pontife éprouvé par huit lustres d'un orageux épiscopat, et par trente années d'infortunes, un vieillard plus qu'octogénaire consent à se charger d'un nouveau fardeau. Ah! sans doute, il a sous les yeux l'exemple d'un saint Pontife, dont, en occupant son siège, il eût tant désiré réchauffer le culte délaissé, et relever le temple démoli. Comme lui, il a bien mérité d'entrer dans le repos, et comme lui, il s'écrie plein de soumission : « Seigneur, je ne me refuse pas » au travail : que votre volonté soit faite. »

Généreux dévoûment, non moins digne de notre reconnaissance que de notre admiration, et auquel nous sommes redevables de cinq années d'un Episcopat sous lequel tant de pertes ont été réparées, tant de plaies cicatrisées, tant de bien opéré dans tous les genres.

Un vaste champ couvert d'épines, et privé de cultivateurs ; une ample moison sur pied, et presque point d'ouvriers pour y porter la faux ; la piété refroidie, et la foi languissante ; l'éducation de la jeunesse négligée, ou mal dirigée ; les malheureux abandonnés aux déchirantes extrémités où conduisent la misère et le désespoir ; ce sont autant de maux dont mille fois nous l'avons entendu se plaindre avec amertume, et que loin de nous il n'avait pas compris si grands.

Ainsi, envoyer des pasteurs à un grand nombre d'églises privées depuis longues années de toute instruction chrétienne, de tout secours spirituel ; fonder un culte de perpétuelle réparation en honneur d'un Dieu outragé dans le plus saint de ses Mystères, et, jour et nuit, faire brûler devant le trône de l'Agneau le pur encens de l'adoration et de la prière ; faire prendre à l'éducation une direction éminemment religieuse ; ouvrir au pauvre et au malade les sources de la miséricorde, et les confier à des consolatrices et des mères ; subvenir à tous les besoins, sécher toutes les larmes, soulager tous les genres d'infortune, ce fut l'ouvrage d'un Prélat qui venait parmi nous, environné du douloureux cortège des infirmités et des années.

Pauvres, dans le sein desquels il versait chaque jour d'inépuisables aumônes, rendez ici un hommage public à sa mémoire. Mais vous plutôt, dites-nous, dignes Pasteurs des Églises de Tours, vous le savez, et les pauvres que vous secouriez l'ignorent peut-être encore ; dites-nous de quelle source découlaient, chaque année, les secours abondans qu'on vous voyait distribuer aux malheureux ?

Pardon, généreux Pontife, si nous osons révéler ici des bienfaits ensevelis jusqu'à ce jour dans un silence que vous exigiez de nous. Nous en devions aujourd'hui l'aveu au peuple nombreux dont vous étiez le consolateur et le père ; il est tems de lui faire comprendre une partie de ce qu'il vient de perdre en vous perdant.

Pour la prévoyante sollicitude de ce Pontife ; ce n'est pas assez de nous gouverner avec sagesse, pendant la trop courte durée de son épiscopat au milieu de nous, son amour pour son peuple s'étend au-delà du terme de sa vie, et se hâte de préparer notre avenir. Eglise, objet de ses pensées, ne craignez pas après lui une triste viduité ; enfans du plus tendre des pères, vous ne serez pas orphelins. Auprès de lui est assis déjà celui auquel il doit un jour nous confier. Parmi les dignes Prélats qui font l'ornement de l'Episcopat français, lui-même l'a choisi tel que le demandaient son cœur et nos besoins. Dans une même demeure, Dieu a fait habiter deux cœurs faits l'un pour l'autre, unis par les mêmes principes et les mêmes sentimens, et surtout par la même affection pour le peuple chéri du ciel, qu'ils travaillent de concert à sanctifier et à rendre heureux : *Deus qui inhabitare facit unius moris in domo.*

Reportez-vous, Messieurs, à ce jour que le saint vieillard appelait de tous ses vœux, où il associait son futur successeur à son autorité et à sa sollicitude pastorales, jour de joie et de consolation pour ses cheveux blancs, où dans ses yeux se peignait son ame tout entière, où tous ses traits, il nous semble les contempler encore, portaient la douce expression du bonheur ; ce jour suffirait seul pour vous révéler toute l'étendue de la perte que nous faisons.

Déjà, ô Pontife chéri ! s'approche le jour de votre dernier sacrifice ; déjà le tems est arrivé qui va mettre un terme à vos douleurs, et jeter dans le deuil un clergé et un troupeau qui vous auraient voulu immortel. Vous avez, confesseur intrépide, combattu avec succès le combat du Seigneur ; vous avez consommé avec gloire une course longue et difficile ; vous avez généreusement défendu et conservé la foi dont vous aviez reçu le dépôt. Déjà, juste rémunérateur de vos vertus et de vos combats, le Dieu que vous avez servi avec tant de zèle et de constance tient dans sa main la couronne de justice qu'il va bientôt poser sur votre front victorieux.... Que ne nous est-il donné de retarder votre passage ! ô mon père ! ô mon père ! ô le char d'Israël ! ô le conducteur du peuple de Dieu ! *Pater mi ! Pater mi ! currus Israel, et auriga ejus !*

Vains désirs !.... Vœux superflus !.... La mort n'a pas reculé devant l'ardeur de nos prières.... Il n'est plus... J'ai vu ce Pontife vénérable étendu sur son lit de douleur, attendre en paix le coup qui menaçait de le ravir à notre amour.... Il voyait venir la mort avec calme, celui dont la vie tout entière s'était passée dans l'habitude de la vertu. Le Dieu qui l'avait protégé avec tant de bonté durant le cours difficile d'une si longue vie, qui l'avait soutenu au jour de la tribulation, lui prouvait encore dans ce moment suprême qu'il connaît et qu'il aime à consoler ceux qui ont placé en lui toutes leurs espérances : *Bonus Dominus et confortans in die tribulationis, et sciens sperantes in se.*

Je l'ai vu reposer sans vie sur sa couche funèbre, tel qu'un juste qui s'endort fatigué après de longs travaux, et tel que vous l'avez vu, peuple qui veniez en foule contempler encore une fois ses yeux.... éteints ; et ses traits.... inanimés.... Rien ici n'inspirait l'effroi ; la vénération et les regrets étaient les seuls sentimens qu'on éprouvait en le voyant. On l'approchait avec confiance ; la mort de ce vieillard ressemblait au sommeil de l'enfance....On retrouvait sur son visage la douce paix qui régna toujours dans son ame.... Son front auguste portait l'empreinte du bonheur dont il jouissait déjà.... On eût dit qu'il eût voulu nous parler encore, qu'il eût voulu nous consoler de la profonde affliction qu'il lisait dans tous les yeux.... La dignité qu'on admira toujours en lui, il la conservait encore.... Il était encore bon.... Il était encore aimable.... On se sentait porté à l'invoquer.... On s'arrachait avec peine de ce lieu qu'on n'oubliera jamais....

Il est descendu dans la tombe, emportant avec

lui notre amour et nos regrets.... Il n'est plus ce Pontife chéri, dont la vie fut si belle, dont le cœur fut si aimant.... Vous le pleurez, peuple auquel il pensa jusqu'à son dernier soupir.... Ah! si vous l'aviez connu !... si vous aviez été témoin de ses derniers momens !... si vous aviez entendu ses adieux.... adieux déchirans pour tant de cœurs dans lesquels ils resteront éternellement gravés !.... Il avait un fils qu'il chérissait, et auquel, en mourant, il confiait son troupeau.... Il avait des parens.... il avait un ami.... il fallait tout quitter.... il leur laissait la paix.... il les souhaitait heureux.... O Pontife vénérable ! voici donc le moment de séparation et de douleur, que chaque jour nous voyions approcher en tremblant.... Nous ne serons plus témoins de vos vertus et de votre zèle.... Nous ne vous verrons plus.... Quelle amère pensée !.... Donc il est tems de répondre par nos adieux à vos tristes adieux.... Notre ame est percée de douleur en vous les adressant.... Adieu! ô vous qui fûtes notre père !... Adieu! ô vous que nous avons éprouvé si bon.... Adieu !.... Adieu !.... Vivez heureux; vivez éternel dans le sein du Dieu juste que vous avez servi.... Nous cessons de troubler votre repos par nos cris de douleur; séparés de notre père, nous voulons nous consoler par la pensée de son bonheur.... Du séjour de votre félicité vous abaisserez sur nous vos regards paternels; au pied du trône de l'Agneau, vous implorerez pour nous la miséricorde et le pardon.... Car vous nous aimez encore.... Vous ferez descendre les bénédictions du ciel sur ce pasteur dont l'ame déchirée est encore livrée tout entière à la profonde douleur dans laquelle l'a plongée la perte de celui qu'il aimait; sur ce pasteur appelé à remplir le vide immense que votre mort a laissé parmi nous. Vous les ferez descendre sur le clergé de ce Diocèse qui vous entoura de sa vénération, de son amour et de sa confiance; vous les ferez descendre sur tout le troupeau confié désormais à celui que vous aviez adopté pour votre fils, et que vous nous laissez pour père. Vous les ferez descendre sur nous, ô Pontife mille fois regretté! sur nous qui, le premier, du haut de cette chaire, avons salué votre entrée dans ce Diocèse, et à qui il était réservé de vous payer ce dernier tribut d'amour et de regret!.... Ah! si vous avez entendu notre voix, et si vous lisez dans notre ame, vous savez que nous n'avons pas exprimé la moitié de notre douleur.

Monsieur et Mad.t Picard-Toulousain.